Ramazon Bobokalonov

MON DOUX VILLAGE

Ramazon Bobokalonov

MON DOUX VILLAGE

Symphonie des peupliers de la mère patrie (Passé, vérité et légendes)

Éditions Muse

Cover image: www.ingimage.com

Publisher:
Éditions Muse
is a trademark of
Dodo Books Indian Ocean Ltd., member of the OmniScriptum S.R.L Publishing group
str. A.Russo 15, of. 61, Chisinau-2068, Republic of Moldova Europe
Printed at: see last page
ISBN: 978-620-3-86648-3

RAMAZON BOBOKALONOV

MON DOUX VILLAGE

Symphonie des peupliers de la mère patrie

RAMAZON BOBOKALONOV

MON DOUX VILLAGE

Symphonie de la mère patrie sur les feuilles des arbres

(Passé, vérité et légendes)

Réviseur : Juraev Q.A., docteur en sciences politiques, professeur associé, député d'Oliy Majlis de la République en Ouzbékistan;

Édition locale «DURDONA», a donné la permission de publication en 2013

TABLE DES MATIÈRES

SYMPHONIE DE LA MÈRE PATRIE SUR LES FEUILLES DES ARBRES

Il existe de nombreux coins magnifiques, lieux anciens et historiques dans le monde tous plus beaux les uns que les autres. Voir de tels endroits est un régal pour les yeux.

Aujourd'hui, Chirine est l'un des villages les plus célèbres non seulement en Ouzbékistan, mais aussi au Tadjikistan et dans d'autres pays du monde. D'une part, cela est dû aux anecdotes du roman "Des esclaves" de Sadriddin Aïni, et d'autre part, c'est dû à l'éducation des enfants et à leur enthousiasme pour l'apprentissage des langues du monde. Le nombre de touristes visitant le village augmente chaque année. C'est pourquoi aujourd'hui le "Sweet Tourism Village" a été construit. De nombreuses maisons d'hôtes ont été construites et les rues ont été améliorées. Les découvertes historiques de ce village, ainsi que quelques preuves matérielles, prouvent que l'histoire du village remonte à plusieurs siècles. Dans le sous-sol du village de l'Antiquité, deux « auls » étaient réunis - Chirine et Rabot dont les habitants vivaient ensemble.

L'histoire du village est associée aux noms des saints.

Il y a beaucoup de blagues, légendes et mythes sur le village et ses habitants. Les touristes sont venus témoigner de l'unité ouzbèke, de l'artisanat, de l'hospitalité, de l'humour et de la gaieté du peuple. Si les visiteurs ne faisaient pas preuve d'admiration pour ce village, il n'aurait pas autant de succès et le nombre de touristes n'augmenterait jamais depuis des années. Conformément au décret du Président de la République d'Ouzbékistan "sur les mesures visant à développer davantage l'industrie du tourisme en République d'Ouzbékistan" du 13.08.2019 CP-5781, un programme spécial pour la création du "Chirine Village du Tourisme" a été élaboré. La construction d'hôtels, de restaurants, de magasins, d'artisanat et de petites entreprises a été autorisée. Dans le contexte de la pandémie COVID-19, les jeunes entrepreneurs ont connu un grand succès en peu de temps. Shunga ko'ra, u Buxoro viloyati turizmni rivojlantirish boshqarmasi buyrug'i va homiyligi ostida ingliz, frantsuz va rus tillarida tayyorlangan. Cette brochure contient des légendes sur les monuments du village de Chirine, son passé récent, des légendes, l'histoire rurale et les traditions nationales. La brochure est destinée à donner un bref aperçu aux touristes visitant le village de Chirine. Il y a donc un nombre croissant de curieux qui veulent connaître la vérité sur les villageois travailleurs et courageux désireux de se faire connaître dans le monde. Dans le village, les jeunes s'intéressent de plus en plus à l'aménagement paysager, à la culture, à l'esprit d'entreprise et aux compétences linguistiques.

Il est très difficile de convaincre les personnes qui n'ont pas visité Chirinekishlak de ce fait. Proverbe ouzbek : « Mieux vaut une fois revoir que mille fois entendre ».

Plus important encore, le fait que les touristes étrangers aient ressenti la symphonie des peupliers est une preuve de notre opinion. Bienvenue au "Chirine Village du Tourisme"!

LA VÉRITÉ DERRIÈRE LE MYTHE: LES CIMETIÈRES DU VILLAGE

Il y a un vieux dicton : “Avant que votre travail ne soit terminé, l'autre monde vous appelle au secours”. Il est impossible de créer quoi que ce soit de complet et de parfait dans la vie. Peu importe à quel point une personne essaie de faire quelque chose dans la vie, elle ne peut pas atteindre pleinement son objectif. Mais le plus important est de pouvoir démarrer une entreprise pleine d'espoir et de se tenir au début d'un bon chemin. Il est clair que les efforts faits dans la voie du bien porteront un jour leurs fruits.

Il y a plusieurs cimetières dans et autour de Chirine Village du Tourisme. Les tombes de BibiChirine, Khoja Mahmud, Chobihushk,

Khoja Khatib, Shaykhtarzi, Khoja Porso, Sorintepa sont situées sur les anciens monticules. L'histoire du village de Chirine est directement liée à BibiChirine et Khoja Mahmud, et indirectement à d'autres cimetières. Nous avons demandé aux anciens de se renseigner sur l'histoire de ces cimetières. Cependant, pour être honnête, nous n'avons pas été en mesure de trouver une source solide qui confirme la vérité historique. Mais nous étions très intéressés par les légendes des anciens et du peuple.

TOMBE DE BIBICHIRINE

Ce cimetière de BibiChirine est situé au sud-ouest de la tombe de Saint Khoja Mahmud, entre les villages de Chirine et Rabot. Il ne fonctionne pas actuellement. Selon les gens âgés, il y avait une khanaqah, une piscine et un drapeau dans la zone du cimetière, et il y avait des dizaines de grandes pierres de marbre sous le drapeau. Les gens ont également inventé des légendes sur ces énormes pierres de marbre. On dit que «L'une des dix pierres est un miracle qui est descendu du ciel. Mais lequel? Personne ne le savait. Pour les uns, cette pierre apporte la richesse, pour les autres elle est la clé de la chance. Bien que le culte de la pierre soit un fanatisme parmi le peuple.

Il n'y a actuellement aucune pierre autour du drapeau. Les pierres ont été laissées sous le sol après que la piscine ait été enterrée et la khanacah détruite.

Les villageois affirment que leur origine sociale vient en fait du village de Devibaland à Nurato. (en persan-tadjik «Dehaï Balande est un village de haute colline")

QUI ÉTAIT BIBICHIRINE?

BibiChirine était une femme pieuse et vierge. Parmi les villageois on dit qu'elle était connue comme guérisseur populaire, sage-femme,

traumatologue et tailleur. Aucune femme n'avait pu rivaliser avec elle dans la couture de draps, tapis, sandales et suzana.
BibiChirine était une fille belle et charmante. Mais elle n'a même pas montré son visage aux femmes d'à côté. BibiChirine était parfois appelée Chadirposh parce qu'elle se cachait dans le paranji, et parce qu'elle n'était pas mariée, elle était parfois appelée Virgin Bibi. On dit qu'aucune personne n'a osé épouser cette fille parce qu'elle avait une capacité divine dès son plus jeune âge. Elle connaissait bien la science de la médecine orientale – l'instruction médicale d'Ibn Sina (Avicennes). Les patients, en particulier les jeunes femmes, les femmes et les enfants, des villages environnants venaient souvent chercher la guérison. BibiChirine était une femme à l'esprit large. Elle savait même soigner les patients sans les toucher.

Une légende. À cette époque, la renommée de BibiChirine en tant que médecin extraordinaire était devenue une légende. Dans l'un des villages environnants, il y avait une très belle fille à la peau claire, fille d'un haut fonctionnaire. L'os de sa jambe est sorti du bassin et elle est devenue paralysée. Sa jambe était paralysée avant que l'os ne se mette en place. Elle a été clouée au lit pendant longtemps. Le riche et malheureux père a couru dans tous les sens pour guérir sa fille. Il a demandé conseil et aide à de nombreux médecins. L'un des médecins a conseillé au riche de consulter également la miraculeuse BibiChirine. Au début, l'homme riche a beaucoup hésité, ne croyant pas en sa capacité. Finalement, un jour, le médecin a décidé de venir voir la fille. La guérisseuse comprit le but du riche père et de sa fille et ordonna pour la prochaine fois d'amener avec lui un gros taureau. Le riche a été étonné et a dit: «Cette sorcière de bonne aventure est très stupide! Avant même de soigner ma fille, quand les autres demandent un coq ou un mouton, est-ce que ce n'est pas trop de demander un gros taureau ?... Eh bien. Comment faire, tant pis, j'aimerais que ma fille soit guérie avec un taureau », pensa-t-il.

Réalisant ce que pensait l'homme riche, BibiChirine dit: «Non, je n'ai pas besoin d'un taureau. Si vous voulez que votre fille soit guérie, amenez un jeune taureau subjugué. Qu'il soit assez domestique pour se laisser entraîner par tous, de sept à soixante-dix ans. Ensuite, nous essaierons de soigner votre fille», dit-elle.
Un jour, attachant une charrette au bœuf, la fille et son père sont apparus devant la cour de BibiChirine. La fille du saint a ordonné au taureau de jeûner pendant quatre nuits. Le médecin a hissé la boiteuse sur le taureau, les deux jambes étroitement liées sous le ventre du bœuf. Puis ils ont donné de l'herbe et de l'eau à la bête. Le ventre de l'animal a lentement gonflé et la jambe de la fille s'est lentement remise en place. Après quelques instants, la corde a été détachée et ils ont essayé de faire descendre la jeune fille. Elle dit : "Laissez-moi tranquille, je descendrai moi-même." Le riche a compris le succès de méthode, et en toute confiance, il a été très ravi. "Sainte Mère, demande ce que tu veux, je suis d'accord avec tout!" il a dit.
BibiChirine:
«Au début, quand je vous ai dit d'apporter un bœuf, vous aviez une mauvaise idée. Si je vous dis de quitter ce taureau maintenant, vous serez volontiers d'accord. Mais si je vous enlève vos biens, je serai coupable de péché. De plus, il est clair que dans un village turbulent et ouvert, les animaux sont mangés par les loups. Par conséquent, il vaut mieux faire venir d'abord les travailleurs et entourer le village d'un mur de dix hectares. Apparemment, les "loups" se sont abstenus d'attaquer le village, affirmant qu'un mendiant était apparu. Ne soyez jamais gêné si vous ne pouvez pas. Cela suffit de demander l'approbation d'Allah pour moi en échange du bien que je vous aie fait », dit-elle. Le riche admirait l'intelligence de la jeune fille et pendant quarante jours fit construire autour du village une forteresse. Tout en faisant don de quelques moutons et taureaux au peuple.

TOMBEAU CHOBIKHUSHK

On dit que le cimetière Chobukhushk est plus lié à Raboti Miron qu'au village de Chirine. Le tombeau était situé sur une colline vallonnée, au pied de laquelle se trouvaient quelques mûriers desséchés. On pense que le tombeau a été nommé d'après ces arbres. D'autres suggèrent que les arbres se sont également desséchés car il est difficile d'apporter de l'eau à ces cultures. La tombe n'est pas associée au nom humain d'origine et s'appelle donc Chobikhushk (*chob* c'est en tadjik le bois, *khushk* desséchés). On disait une fois que à l'intérieur de ces arbres, dans la journée aurait être paru tout à coup un homme brillant en robe blanche. Des gens alimentaient la peur des villageois affirmant que les démons pourraient être cachés ici. Mais personne n'a jamais rencontré ni l'homme illuminé ni le démon malfaisant. Mais quiconque traversait la route était terrifié ici. À 150 mètres sous le pied du mausolée, entre les terres de Chobikhushk et de Gorkok, il y avait une route fossée entre Raboti Miron et le village de Rabotishaykh. Dans la partie du nord de Chobikhushk il y avait une piscine et un puits. Les grandes terres arables autour de la tombe appartenaient aux habitants de Raboti Miron. Il y avait aussi de grands jardins autour du cimetière. Ces terres étaient considérées comme des terres waqf appartenant au clergé. Pendant la période de collectivisation, les terres ont été confisquées à la population de Raboti Miron et les propriétaires exilés. L'expansion des champs de coton a endommagé d'abord les jardins et puis les tombes. Les terres du cimetière ont été nivelées et transformées en champs de coton. En plein centre de l'ancien cimetière, il ne reste que des arbres desséchés. Les ossements du cimetière ont été recueillis et enterrés sous le drapeau.

On raconte qu'au moment d'une de ces fouilles avait été trouvé un vieux pot vide. Des lignes ont été tracées à une distance de cinquante mètres de l'embouchure du pot. Regardant au nord le long de ces lignes, ils ont cherché un miracle. Et un autre pot similaire a été trouvé. Mais il n'a pas été possible d'en trouver d'autres. La route fossée en dessous de

Chobihushk est entrée dans le village de Rabotishaykh et a croisé la route profonde qui s'étendait du côté de Khoja Porso. Le monopole du coton s'est renforcé, et toutes les routes profondes: "Sarapul - Chirine", "Sarapul - Sorin", "Sorin - Khoja Porso - Raboti Sheikh", "Chirine - Khoja Porso - Sorin", "Chirine - Chobihushk - Raboti Sheikh", "Chirine - Raboti Miron - Gorkok - Raboti Sheikh » était une perte pour le village de Chirine. Les jeunes d'aujourd'hui ne savent pas comment ces anciennes routes se croisaient. Ils ne peuvent pas comprendre et imaginer que le village de Chirine se trouvait sur la Grande Route de la Soie, que des caravanes ont traversé ces routes profondes. Dans les années 20 et 30 du siècle dernier, les villageois étaient coincés entre deux feux. Venu du village de Shahnigor près de Chirine, le chef des combatants-bosmatchis Ato Korboshi avaient installé un campement autour des routes profondes. En déclarant "Nous ferons de Boukhara un État indépendant", dans la nuit ils avaient pillé les biens du peuple et les avaient opprimés. Il est également vrai qu'Ato Basmachi n'a pas reconnu pendant de nombreuses années le gouvernement soviétique local et a commis un massacre contre les personnes qui ont suivi le nouveau gouvernement.

LA TOMBE DE KHOJA KHATIB

Dans le dictionnaire, le mot «khatib» signifie un lecteur de khutba, «propriétaire, seigneur, chef, khalfa - un enseignant d'une école religieuse». La tombe du propriétaire Khoja Khatib est situé sur le côté gauche de la route fossée de Sarapul-Sorin sur une colline au nord-ouest du village de Chirine. À l'heure actuelle, il reste un quart de la zone du cimetière. Sous la bannière du tombeau a été retrouvé un énorme bois solide. Ce bois solide vieillit depuis tant d'années. Les gens se demandaient à quel arbre il appartenait et comment il apparaissait sur la tombe. Une personne âgée: "Il a été utilisé pour attacher le drapeau à un creux de mûrier", a-t-il déclaré. Cette hypothèse n'est pas loin non plus de la vérité.

CIMETIÈRE DE SHAYKHTARZI

Le nom du village de Chorbogkent n'est pas le même que celui du mausolée de Shaykhtarzi. Il y a des raisons spécifiques à cela. Depuis la période de kolkhozisation, la population du village a augmenté au détriment de celle des autres villages et autres districts. Ils ont déménagé principalement à partir du début du siècle dernier des villages voisins tels que Chirine, Buzundavon, Avurdavon, ainsi que de Shafirkan, Gijduvan, Khoja Peshko. Cela était dû à la commodité des travaux d'irrigation et la commodité de l'hébergement près de la route principale. En conséquence, la culture des légumes et le jardinage ont assuré le bien-être de la population. Des jardins ont été établis autour du village et il s'appelait Chorbogkent. Le cimetière abandonné a été réhabilité et mis en service grâce à la solidarité du peuple.

Le cimetière a été nommé d'après une femme - pas Shaykhtarzi, mais en fait Shaykhdarzin. Cette femme serait apparentée à Sainte BibiChirine. Mais on ne sait pas exactement de quel genre de lien de parenté il s'agissait. Le nom Shaykhtarzi se compose des mots «cheikh» et «darzin», qui signifie «couturière pour cheikhs». Le cimetière est situé à deux cents mètres du pont Sarapul. Il est à environ 600 mètres du village de Chorbogkent. La population actuelle s'est multipliée et a construit des maisons jusqu'au périmètre de la tombe. Il y a cinquante ans, l'autoroute Boukhara-Tachkent tournait comme un serpent des profondeurs du côté de la cimitière. En entrant à Boukhara les touristes très étaient ravis de voir autant de beaux endroits. Lorsque les routes ont été nivelées, il n'y avait aucun signe de collines. Toutes les collines sont devenues une plaine - un « désert de coton ».

L'usine de briques, construite à l'époque soviétique, a progressivement transformé les collines autour du cimetière en briques. Les habitants du village de Chorbogkent ont conservé le tombeau en ruine de Shaykhtarzi et l'ont reconstruit.

CIMETIÈRE DE SORINTEPA

Sorintepa Ancient Medieval Monument est un monument archéologique du XVe siècle et un bien de l'État classé en 636 dans le village de Sorin, qui appartient à l'assemblée des citoyens de Gulistan mahalla, sur la base du droit administratif du Département régional du patrimoine culturel de Boukhara. Cependant, les fouilles archéologiques dans et autour de Sorintepa n'ont pas encore été effectuées. Sorintepa est situé dans la partie nord du village de Chirine. Au cimetière de Khoja Mahmud, les Soriniens ont un petit terrain encore.

La légende suivante est préservée sur le village:

"Le village de Sorin est associé au nom d'une femme nommée Bibisoro. Bibisoro était une femme sage, mariée, mais sans enfant. Bien qu'elle ait prié Dieu pendant de nombreuses années pour avoir une progéniture, elle n'avait pas d'enfants. Puis, regrettant sincèrement que son mari soit malheureux à cause d'elle, elle lui demanda sincèrement d'épouser une autre femme. Il n'a pas immédiatement accepté l'offre de Bibisoro. Cependant, lorsque les gens autour de lui se sont rendu compte que la raison de ne pas avoir d'enfants était l'homme lui-même, il a compris la décision de sa femme et a en épousé une autre. Dieu leur a donné un enfant. La famille était remplie de lumière. Mais Bibisoro a commencé à se sentir mal à l'aise devant eux. Elle a demandé à son mari le divorce pour ne pas gêner leur mariage heureux. Son mari est resté à l'intérieur les deux feux . D'une part, l'amour de sa bien-aimée, d'autre part, la mère de l'enfant. Lorsque Bibisoro a été forcée de demander une réponse, elle l'a finalement déplacé dans une autre cour. Bibisoro a rejoint la caravane commerciale en route pour la Chine, attendant le moment de quitter son mari. La caravane est arrivée de l'Est

au pied de cette colline et a passé la nuit. C'était comme si Bibisora avait trouvé une pommade pour sa douleur, brise soufflant sur la colline. Pendant que la caravane quittait cette place, elle se cacha sans les prévenir puis elle se construisit une tente près de colline. Elle a aménagé la zone et l'a transformée en jardin. De nombreux arbres ont été plantés autour de la cabane. Les peupliers s'étirent et devinrent intimes avec elle. Bibisora était loin de sa ville natale, mais son amour pour son mari ne s'est jamais évanoui. À chaque fois qu'elle manquait son mari, Bibisoro pleurrait ensemble avec les peupliers! Une symphonie de feuilles l'accompagnerait !
Quand l'absence de son mari devenait trop douloureuse, elle se tournait vers les arbres pour leur confier son immense chagrin.
Ces arbres, se rendant compte de l'état de Bibisoro, gémissaient avec elle, car ils étaient aussi stériles qu'elle. Depuis, les peupliers, contrairement aux autres arbres, donnent une ambiance fraîche et un son agréable."

CIMETIÈRE DE KHOJA PORSO

Le village et le cimetière portent le nom de Khoja Porso. Le tombeau est situé en contrebas du village. Au sud-est du village se trouvait une route profonde fossé reliant les villages de Sorin et Rabotishaykh. Il y avait d'énormes collines sur les côtés droit et gauche de la route. Pendant le régime dictatorial, des routes et plusieurs collines de terre ont été détruites. Il y a encore des preuves matérielles et un grand nombre de pots en céramique cassés au fond des collines. On dit qu'en leur temps ils ont servi d'objets stratégiques pour sauver la population des catastrophes naturelles, des inondations. C'était aussi très pratique de tendre une embuscade pour bloquer le chemin de l'ennemi. Maintenant, sur le chemin du village de Rabotishaykh, seul un quart d'un grand Dongtepa survit. Il y a quelques années, en extrayant de la terre d'une partie de celui-ci, une grande cruche de grande capacité a été trouvée avec d'anciennes poteries cassées. Par conséquent, il n'était pas permis de prendre le sol de la colline.

QUI ÉTAIT KHOJA PORSO?

Khoja Porso (Boukhara, 1345 - Madina, 1419) est un représentant de la secte Naqshbandi. Il a étudié à Boukhara. Il a étudié le Coran et les hadiths, la science de la théologie. Après la mort de Naqshband, il dirigea la secte à la place. "Risolai Qudsiya" ("Traité sur les saintes paroles de Khoja Bahauddin"), "I'tikad" ("Traité sur la foi"), "Recherche" ("Traité sur les termes soufis"), "Tafsiri Qur'an" ("Coran") sur l'histoire du soufisme et de l'islam Tafsiri »), «Risolai Kalifiya» («Traité des prophéties»), «Une brève histoire de La Mecque» («Une brève histoire de La Mecque»), «L'Autorité de Khoja Bahauddin Naqshband» («L'Autorité de Khoja Bahauddin Naqshband»), ("Soixante-douze Factions"). Il a attiré une grande attention avec son Fasl ulhitab bivusulil ahbob (Le livre qui sépare le noir et le blanc pour atteindre la vision des amis), qui est consacré aux questions de la charia et des enseignements. Il y a beaucoup d'informations sur l'identité de Khoja Porso et l'apparence du cimetière. Selon Fakhruddin Ali Safi (1463-1503) dans son livre "Rashahot al-Hayat" et "History of Mullozoda" de Mullozoda, un étudiant contemporain de Khoja Porso: "Votre Excellence, le pôle du temps, les adeptes du peuple de religion, le soleil dans le ciel religieux et savant, le meilleur de Wali, notre Sayyid, Mawlana, Khoja et en d'autres termes, Khoja Muhammad Porso ibn Muhammad Hafiz al-Bukhari et pour nous sa tombe bien-aimée est sacrée." Il y a une tombe symbolique de Khoja Porso à Boukhara. Mais il n'est pas mort en Asie centrale. Seule la terre des tombes de Khoja Porso a été amenée sur ces terres. Des tombes du même nom se trouvent dans différentes régions de l'Ouzbékistan et le Tadjikistan. La tombe symbolique de Khoja Muhammad Porso est située dans les ruines du district de Kokaldosh de la ville de Boukhara. Khoja Muhammad Porso était le deuxième calife de Hazrat Bahauddin après Alouddin Attar. Les tombes de Khoja Porso se trouvent également à Boukhara, Khoja Peshko, Margilan et Panjikent. C'était un homme de forte prophétie, qui la cachait autant que possible et ne la révéla que lorsque le besoin s'en fit sentir. L'un des dirigeants de l'époque, Khalil Sultan, l'a ignoré et lui a blessé le cœur, et dans la bataille il a perdu contre Shahrukh Mirza. Shahrukh Mirzo et Ulugbek lui ont demandé conseil. Khoja Porso est un savant qui a laissé sa marque sur la spiritualité des peuples d'Asie centrale, l'histoire de l'islam et le mysticisme. Khoja Muhammad Porso a fait le pèlerinage deux fois. Il est d'abord allé avec Bahauddin Naqshband, puis en 1419 de Boukhara, Termez, Balkh et Herat à Nishapur, et de là à Médine. Après avoir effectué le Hajj, il est tombé malade et est décédé à l'âge de 72 ans. Il a été enterré près de la tombe d'Amir ul-Mu'minin Abbas (calife). Cheikh Zayniddin al-Hawafi a apporté une pierre blanche sculptée d'Egypte et l'a placée sur sa tombe.

CIMETIÈRE DE KHOJA MAHMUD

On dit que Hazrat Khoja Mahmud était un neveu de BibiChirine Chadirposh. Au sommet du cimetière se trouve une mosquée. La mosquée a été reconstruite plusieurs fois au fil des ans. Sainte Khoja Mahmud était beaucoup plus âgée que Khoja Muhammad Porso. Du haut de la tombe, il y avait une route profonde menant aux villages de Khoja Porso et Sorin. Lorsque le cimetière a été encerclé, la route a été enterrée. Il existe des khokjos (terrain pour les autres villageois) spéciaux pour les villages de Sorin, Tongatar et Ponob. Cette preuve suggère que les communautés rurales ont migré vers d'autres villages.

QUI ÉTAIT SAINT KHOJA MAHMUD?

Dans les œuvres «Tufhatul az zahirin» et «Tarihi Mullozoda», il y a une information incompréhensible sur Khoja Muhammad Chirine: "Khoja Muhammad Chirine est l'un des célèbres disciples de Hazrat Poyanda Muhammad, un descendant de Hazrat Khoja Mahmud Anjir Fagnavi. Khoja Muhammad Chirine a servi Hazrat Shah Aksavi pendant plusieurs années et après sa mort, il était devenu le chef des autorités fiscales. ***Les tombes de Khoja Muhammad Chirine se trouvent dans le district de Karakul.***"

Question: Y a-t-il une relation entre Khoja Muhammad Chirine et Khoja Mahmudi Chirine?

Si Khoja Mahmudi Chirine n'est pas Khoja Muhammad Chirine, peut-être que Hazrat Poyanda est Muhammad?! Bien que les deux saints ne soient pas interprétés comme une seule personne, pourquoi sont-ils reconnus comme descendants et disciples de Hazrat Khoja Mahmud Anjir (Fig) Fagnawi?

La première hypothèse est qu'en arabe, les noms Muhammad et Mahmud, sans la voyelle (c'est-à-dire zabar et vaslas), la racine des deux pronoms se compose de quatre lettres «Mhmd», écrites de la même manière et prononcées de deux manières différentes. Ainsi, ces noms peuvent également être prononcés Muhammad ou Mahmud. C'est peut-être là que l'illusion a commencé?!

La deuxième hypothèse. Khoja Muhammad Chirine et Khoja Muhmud Chirinei peuvent-ils être la même personne?! C'est vrai, il n'y a aucune raison de dire oui. Cependant, les preuves sont très courtes et les informations sont vagues dans ce seul livre. Si les tombes de Khoja Muhammad Chirine sont effectivement à Karakol, on ignore également où se trouvent les tombes de son mentor Hazrat Poyanda Muhammad. Et si les auteurs de Bordiyu «Tufhatul az zohirin» et «Tarihi Mullozoda» écrivaient Karakul au lieu de Vobkent et copiaient l'un sur l'autre?! Il y a aussi cette hypothèse.

La troisième hypothèse. Il existe des légendes intéressantes sur Saint Khoja Mahmud parmi les habitants de Chirine. Beaucoup considèrent ce saint comme un descendant et disciple de Khoja Mahmud Anjir Fagnavi. Il y a cette référence similaire à Khoja Mahmud Chirine aussi.
La quatrième hypothèse. Il était connu sous les surnoms de Khoja Mahmudi Chirinei, Khoja Mahmudi Muzapam, Khoja Mahmudi Sapalpoy, Khoja Mahmudi Poydaroz. Dans le saint Khoja Mahmud - Muzapam, Sapalpoy, Poydaroz, la racine des mots correspond à «poy» (pied), et Hazrat Khoja Muhammad Chirine Poyanda fait également référence au mot poy, ce qui signifie qu'ils peuvent être la même personne.
La cinquième hypothèse. Comment peut-il être une coïncidence que la série des trois saints: Khoja Mahmud, Khoja Muhammad Chirine, Hazrat Poyanda Muhammad soit liée à la secte Naqshbandi et que les noms de quatre des sept pirdans soient répétés avec Muhammad et Mahmud?

1. Khoja Muhammad Arif Revgari Mohitobon.
2. Khoja Mahmud Anjir Fagnaviy.
3. Khoja Muhammad Boboyi Samosi.
4. Khoja Muhammad Bahouddin Naqshband. Et encore:
5. Khoja Muhammad Porsoi Wali aussi. Cela signifie que la tombe de Khoja Mahmud n'a pas été en vain du côté du chemin des sept pir. On dit que Khoja Muhammad Porso était l'un des grands murides (élèves) de la secte Naqshbandi. le lien avec la glorification de leurs noms est un exemple clair de cette idée.

La sixième supposition. Considérant que Koja Mahmud est mentionné ci-dessous comme l'oncle de Hazrat Muhammad Bahauddin, il y avait en effet un lien étroit entre ces saints.
La première narration (légende). Khoja Mahmud était un homme intelligent, gai, instruit et très fort énergique. Il a cousu des chaussures, élevé du bétail et cultivé. Il s'appelait Khoja Mahmudi Mozapam et parfois Khoja Mahmudi Poydaroz parce qu'il était un homme grand

avec de longues jambes. On dit que Khoja Mahmud était l'oncle de Hazrat Muhammad Bahauddin. Il a également la capacité d'être gouverneur. De temps en temps, il voyait la réalité avec les yeux du cœur et la percevait avec l'esprit. Un jour du mois de Ramadan, Hazrat Bahauddin a voulu rompre son jeûne et a invité ses oncles chez lui. L'oncle de Hazrat Bahauddin a envoyé un tulpar spécial pour qu'il n'ait aucune difficulté sur le chemin. Khoja Mahmud au serviteur:
“Partout où je vais, je vais dans ma propre markab (âne mulet). Mon âne est aussi rapide qu'un tulpe envoyé par mon neveu. Sur le chemin, il voit tout le temps d'autres animaux et chante avec plaisir les chansons différentes. Regardez, vous serez toujours étonné. Tu n'as toujours pas le temps de dire à mon neveu Muhammad que je pars. Maintenant je vais sortir en désherbant ces oignons de l'herbe et je suis en route,” – a-t-il dit. Le serviteur a été contraint de rester dans une position inconfortable et est parti vers l'arrière. En marchant, il se demanda comment il pouvait expliquer cela au seigneur. Quand il est arrivé, il a vu son oncle et son neveu parler sur le canapé.
Une table s'est étalée près de l'Iftar. Peu de temps avant de rompre le jeûne, Khoja Mahmud a déclaré:
– Je vous dis pardon mille fois. Mon markab a également marché et il a manqué d'eau. Si je ne vais pas vers lui et le respecte, j'aurai péché. – a-t-il dit. À ce moment-là, l'un des domestiques a immédiatement plaisanté:
– Ne vous inquiètez pas. Nous avons dessiné de l'eau sur votre mulet, mon maître! Mais l'âne têtu a reniflé, mais n'a pas bu,” - il a répondu.
Khoja Mahmud resta un moment silencieux:
"De quelle eau as-tu arrosé l'âne?" Il a demandé.
«L'eau de puits est de l'eau halal», répondit le serviteur.
– Et si l'eau de votre puits était makrooh? – tout le monde était étonné de son courage. – Il est encore temps de rompre le jeûne. Allons voir ça. – Il a commencé par derrière lui-même touts les autres et est venu

au puits. Quelques seaux d'eau ont été prélevés. Astagfirullah, le corps d'un chat est sorti dans le dernier seau. Puis Khoja Muhammad a dit:
– Toute la nourriture faite à partir de cette eau est maintenant détestée. Ceux qui sont venus à Iftar se sont assis autour de la table vide avec seulement le souvenir d'Allah, «La ilaha illallahu». Après cela, l'eau du puits a été soigneusement nettoyée.
Le poste de gouverneur de Khoja Mahmud était connu à l'époque.

La deuxième narration. Khoja Mahmud était un homme pieux et honnête. Il devait toujours être dans le souvenir d'Allah, rester à l'écart du haram dans ses prières et demander à Allah une part honnête. Une autre de ses bonnes qualités était l'honnêteté. Il a toujours encouragé les musulmans du village à être honnêtes. Un jour, alors qu'il rentrait du champ à dos d'âne, un fermier est sorti pour lui rendre hommage et a voulu lui donner deux melons:
- Seigneur, je les ai coupés pour vous, afin que vous puissiez les ramener chez vous et en profiter. Khoja Mahmud descendit de son âne: "Que voulez-vous en retour?" Demanda le Seigneur.
«Priez simplement pour moi aussi, pour mon travail honnête.
- Bravo, merci. Vous avez passé un bon moment à donner des melons et à demander vos condoléances. Si vous savez, je vous en demande: «Oh mon Dieu! Donnez aussi foi et justice à cette personne», je prie depuis longtemps. A partir de maintenant aussi je prierai toujours pour vous, je ne me lasserai jamais de vous en prier. Mais vos melons sont un régal pour vous-même. Je ne peux pas les accepter.
«Pourquoi, monsieur ? Ne considérez pas cela comme un pot-de-vin. Ce sont sincères. Ou avez-vous une journée où je vous fait mal? » demanda le paysan.
"Non ce n'est pas ça. Si j'étais en colère contre toi, je ne resterais pas parler avec vous. J'aurais pu vous faire maudire pendant la prière".
- Alors pourquoi ne les prenez-vous pas, monsieur? dit le paysan embarrassé.

- Il y a une bonne raison à cela. Vous avez blessé le cœur d'un orphelin à cause de ces melons.
- Que dites-vous, monsieur. Je n'ai jamais dit un mauvais mot à personne de ma vie. Comment puis-je blesser un orphelin.
- Non, vous vous souvenez peut-être d'un orphelin qui a fait la queue pendant trois jours pour arroser son jardin à cause de votre égoïsme. Ou suis-je perdu? – Le paysan n'a pas nié cela. – Si vous voulez effacer votre péché, apportez ces melons aux frères de cet orphelin et présentez-leur vos excuses. Si Dieu pardonne vos péchés. Sinon vous brûlerez en enfer pour toujours. - Le paysan a bien compris sa culpabilité et a corrigé son erreur. Le paysan a suivi les instructions de Hazrat Khoja Mahmud.

La troisième narration. Khoja Mahmud était un cordonnier intelligent, attentionné, fidèle et très professionnel. Beaucoup de gens attendent font la queue devant chez lui pour faire coudre des chaussures. Khoja Mahmud a non seulement cousu des chaussures, mais lui a également donné vie et affection d'un point de vue professionnel. Les chaussures qu'il avait cousues n'atteigniraient pas le marché. Parfois, les gens commandaient à l'avance et faisaient la queue.
Un jour, un commerçant est venu chez l'homme pour commander une grande quantité des chaussures et lui a proposé un prix supérieur au prix du marché. Il disait apprécier le produit de l'artisanat et prédisait que s'ils travaillaient ensemble, ils pourraient tous les deux devenir riches rapidement en peu de temps. Khoja Mahmud a ri dans sa tête:
- C'est probablement ce qu'ils appellent «la vie est le marché». Je ne suis pas allé au marché, et c'est le marché qui est venu à moi. Dites-moi, savez-vous quelle est la distance entre la naissance et la mort? Il a demandé au marchand. Le commerçant était étonné.
- O taqsir, qu'est-ce que la naissance et la mort ont à voir avec cette alliance? Il a dit avec colère.

- Je vous pose la question parce que je ne comprends pas non plus. Pas vraiment pour évacuer votre colère. Je n'ai jamais eu l'intention de rendre quelqu'un riche en cousant des chaussures. Je ne m'attends même pas à ce que vous atteigniez votre objectif de devenir riche non plus. C'est un péché devant Dieu. Si je vous promets faussement maintenant, "Oui", Dieu veille.
Le commerçant a beaucoup réfléchi et ne pouvait pas saisir l'essence de cette conversation. Après un long voyage, il a tourné le dos à la route pour apprendre cette industrie secrète. Le commerçant a demandé à Khoja Mahmud Wali de mieux expliquer l'essence de la question. Le Prophète répondit: “La distance entre la naissance et la mort s'appelle la vie. La vie est donnée à l'homme une fois. Je peux promettre d'aimer Allah et d'être croyant, mais je ne tromperai pas son serviteur en lui promettant. Ma foi ne permettra pas cela. Si je rejoins votre offre et que je commence à fabriquer des chaussures plus chères pour devenir riche, je ruinerai la qualité des chaussures. J'abandonne la foi pendant cinq jours et je perds la foi. Quelle est la condition pour un musulman d'acquérir de la richesse? Plutôt que d'accumuler des richesses, faire du bien aux gens est un plaisir pour moi. C'est le commandement d'Allah dans le cœur. Au Jour du Jugement, tout le monde aura une réponse, et j'en ai peur. " Je n'ai pas d'autre réponse.

Mythe. Les tombes de BibiChirine, Khoja Mahmud, Chobihushk, Khoja Khatib, Shaykhtarzi, Khoja Porso, Sorintepa étaient sous le contrôle d'un esprit inconnu. Cet esprit apparaissait à tout moment sous la forme d'un serpent géant avec une moustache, se déplaçant de cimetière en cimetière. Tant que ce serpent ne fait de mal à personne ni à rien. La longueur du serpent n'est pas inférieure à trois mètres. On dit que sa tête et sa queue sont difficiles à séparer et que son épaisseur est cinq fois supérieure à celle d'un manche en ketmon (instrument de travail comme la pelle). Seule sa tête était du côté où sa moustache était visible. Le dos est noir, les côtés sont vert foncé et l'abdomen est blancjaune. De temps en temps, de nombreuses personnes ont vu ses traces traversant le chemin de terre entre les cimetières BibiChirine et Khoja Mahmud en direction de Gorkok. Mais seule une poignée de personnes avaient pu voir le serpent lui-même. Celui qui le verra ne nuira pas à ses sept générations. Plus de légendes et de mythes sur Saint Khoja Mahmud peuvent être trouvés.

RABOT-RÉSIDENCE DE LA DYNASTIE MANGIT

Le village de Chirine est composé sur la base de deux villages. Le premier est le village de Rabot. Ce village a deux grandes portes, entourées d'un très haut mur. Il a été utilisé par les amirzadas, les riches et leurs proches comme une cour de campagne. Du fond des villages de Chirine et Rabot passait la rivière Zarafshan. De la montée saisonnière de la rivière, des falaises se sont formées. Avant et après la révolution, les habitants du village de Rabot sont retournés au village de Chirine. La première raison en était que le château était exigu et la seconde était qu'après la Révolution, une grande partie de la population rurale était assiégée. Lorsque les gens de Rabot ont commencé à être persécutés, ils ont eu peur de dire: «Je suis de Rabot». Le château a également été détruit en un coup de nouveauté du système.

Il y a de nombreuses énigmes sur l'histoire du village. Les anciens du village ont vu de leurs propres yeux comment ce village a été détruit. Mais entendre leurs histoires soulève des doutes quant à savoir si des mythes sur son histoire ont été fabriqués. Les gens âgés disent que Rabot était la résidence de la dynastie Mangit qui régnait à Boukhara et a été fondée à cette époque. Ils ne savent pas qui a vécu dans ce village avant eux. Si l'hypothèse selon laquelle le village a été fondé par la dynastie Mangit est acceptée, il est très difficile de convaincre les autres que ce village est né il y a environ 250 ans. Parce que certaines des pièces de monnaie, des articles ménagers et des ornements adoptés par les Rabotois remontent au siècle samanide. Mais il est également vrai que les responsables de Mangit ont un domaine d'émirat autour du Rabot. La population d'origine du village de Rabot est du village de Chirine, la superficie est de 10 hectares. Ils avaient plus de 40 acres de terres arables et plus de 400 acres de pâturages.

Quant à la construction de la forteresse de Rabot sous le règne d'Amir Shah Murad, on peut supposer que les villageois se sont déplacés de bas en haut. Parce qu'il y avait beaucoup de saleté autour des villages sur les rives de la rivière Zarafshan. Ces collines étaient pratiques pour tendre une embuscade à l'ennemi. La forteresse de Raboti Miron a aidé à renforcer la ligne défensive de Boukhara. Vraisemblablement, le château de Rabot Miron a servi de fortification, ainsi que d'un bel endroit pittoresque pour les fonctionnaires, une adresse d'atterrissage.

Il est clair que cette fortification, à vingt kilomètres au nord de Boukhara, était d'une telle importance stratégique. Selon les anciens du village, "Chirine" était un descendant des tribus turques. Par conséquent, les mangits peuvent avoir utilisé leur pouvoir protecteur. Il est également possible de tirer la même conclusion à partir de nombreux récits, histoires. Mais il serait opportun que les historiens clarifient ce point.

Les intellectuels du village de Chirine veulent leur poser les questions suivantes:

De quel côté les attaques de Boukhara ont-elles été principalement organisées? Pourquoi le pont sur Zarafshan s'appelle Sarapul? Pourquoi la zone plate sous Sarapul est-elle appelée «Yalangi » («La place nue»)? Les noms des endroits autour de Talikulokh ("les Collines de pierre), Khargosh ("Le lapin aux longues oreilles"), Khavola («Ratrappe en courant ») et Khavola Mahmud ("Chase-les au nom de Mahmud") dans la plaine ne signifient-ils rien pour l'histoire? L'étymologie de ces mots pourrait-elle être hors de propos? Il y a des gens qui espèrent connaître la vérité. Après tout, il y a de nombreuses vérités dans l'histoire qui n'ont pas été reflétées.

La politique soviétique a anéanti la graine de la nation et falsifié les preuves. Des forteresses comme la forteresse de Rabot ont été détruites, détruites en tant que superstition. Seules les forteresses à l'intérieur de la ville de Boukhara ont été légèrement préservées. Alors que dire de plus sur le village de Rabot?!
Il est impossible d'admettre qu'avant la construction du village de Rabot Mohi Xosa, il servait de résidence d'été et de fortification militaire à l'émirat pendant la période Mangit, mais il n'est pas difficile de convaincre les gens que les forteresses comme Rabot n'étaient pas rares en Ouzbékistan. Les anciens du travail des frères Ravshan et Azim Adizov racontent l'histoire suivante:
«Personne n'a le droit de déformer la vérité. Nous connaissons la légende et la vérité sur le village grâce aux histoires de nos ancêtres. En ce sens, nous croyons ce que nous avons vu et entendu d'eux.
Le village de Rabot s'appelait Raboti Miron. La raison en était qu'en été l'émir et ses fonctionnaires vivaient à l'intérieur du château. Il est divisé en deux parties. Raboti Bolo et Raboti Poyon. Les deux parties étaient à l'intérieur du château. Les murs du château ont été construits pendant la période Mangit. Dans le village de Rabot, les nobles venaient de temps en temps pendant l'été, pour lesquels des hôtels séparés étaient construits. Le château était un lieu de repos pour les nobles. Le fort militaire et ses environs étaient également considérés comme la propriété de *waqf* (propriété cadeau) de l'émirat. Il y avait une relation étroite entre l'émirat et les villageois, et même un lien de mariage. Un fonctionnaire a été nommé dans le village qu'il s'appelait Arbob."
- Alors pourquoi cet endroit a-t-il été choisi comme camp et forteresse?
- Nous avons demandé.
"Sur le côté sud-est du village de Rabot, derrière une colline 20 mètres plus bas, il y avait un immense affluent de la rivière Zarafshan. Dans les années 70 du siècle dernier, Zarafshan s'est asséché et a été remplacé par le fossé actuel. Il n'y avait aucune trace de buissons et de lacs, mais pas une fois en 50 ans, le plan coton n'a été réalisé. La salinité de ces

terres est encore très élevée. Si le sol est creusé à un mètre et demi de profondeur, du gravier, des liquidités en sortiront. Ces zones ne conviennent que pour les dépôts de gravier et d'asphalte. Jusque-là, ces terres abritaient les oiseaux du monde. Cet endroit était considéré comme la plus beau paysage. Dans les collines et les falaises, il y avait de beaux oiseaux qui ont été appelés par les gens du village "Kurkuri karro". Pas étonnant que ce soit l'un des oiseaux les plus rares de notre pays et du monde. Ils ont attrapé à tour de rôle des poissons, des grenouilles et des vers de terre pour nourrir leurs oisonnettes. Dans les endroits abrités, entre les trous des falaises, dans les ruines de la forteresse de Rabot, de beaux renards avaient trouvé refuge. Il y avait beaucoup de tels oiseaux, poulet sauvage, moineau ou caille. »

En été, sur les rives de Zarafshan arrivaient beaucoup de citadins, c'était un lieu de repos pour tout le monde. Après que les belles terres aient été transformées en champ de coton, les oiseaux du monde, les cigognes de Boukhara, ont commencé à quitter notre pays sur les traces de ces oiseaux. Personne n'a respecté la nature. La nature de Raboti Miron est tombé dans une grave crise écologique.

«Nous l'avons vu de nos propres yeux, ont continué les vieillards. La forteresse de Rabat avait deux portes supérieure et inférieure, un mur de 6 mètres de haut, 3 mètres de large, quatre tours d'observation à ses quatre coins, ainsi que des étagères perforées spéciales au sommet des portes et des salles spéciales de chaque côté. Au-dessous du fort, la rivière Zarafshan s'était déversé dans deux cours d'eau et formait une île sur une grande superficie. Une branche de la rivière s'appelait "Daryochi Hayit" et l'autre "Daryoi Khalach". Dans les pâturages environnants, la population était engagée dans l'élevage bovin, l'élevage ovin et dans les zones du terrain séché sur les melons et l'agriculture. La station d'irrigation a été acheminée par le canal de Komi Aka d'abord à Chirine, puis à Rabot Miron à une distance d'environ 15 miles.

En raison de l'emplacement du village sur une colline, Minori Kalon dans la ville peut être vu à 20 km des murs sud-est et sud-ouest du château. Même maintenant, si vous regardez de près certains endroits élevés, vous pouvez voir le Minori Kalon de Boukhara. À l'intérieur de la forteresse Rabot Miron, la longueur de la rue entre la porte supérieure et la porte inférieure avaient été de près de 400 mètres – les habitants de plus de 20 maisons vivaient aux deux côtés. Les cours de Rabot Miron étaient beaucoup plus grandes que du village Chirine, avec une piscine, un puits et quelques arbres à l'intérieur. Il n'y avait pas de champs de culture à l'intérieur du château. Les riches des deux villages avaient des cours et des jardins: Pour le village de Chirine, c'était dans un endroit appelé Gorkok, tandis que les champs de Raboti Miron étaient situé autour de Chobikhushk et Khoja Porso. Pour le village de Chirine, c'était dans un endroit appelé Gorkok, tandis que les champs de Raboti Miron étaient situé autour de Chobikhushk et Khoja Porso.

Il y avait plus de huit collines autour des villages de Chirine et Raboti Miron. Trois d'entre elles subsistent (les deux se trouvent à l'intérieur du cimetière Sorin et Chirine Hill, et une se trouve à un kilomètre à l'est du village). Entre les champs et les collines proches les unes des autres se trouvaient des cours de campagne. De nombreux arbres fruitiers ont été plantés autour d'eux. L'été, quand nous étions jeunes, nous sortions dans les champs pour cueillir des fruits. À l'époque soviétique, les arbres ont été déracinés pour agrandir la terre. Seuls quelques-uns ont survécu longtemps. Les peuples autochtones des villages gagnaient leur vie en élevant du bétail, des moutons, la pêche, la chasse, l'agriculture, le coton et les vers à soie. Des mûriers ont été plantés par greffage à chaque coin. Dans les terres productives, dans les champs, dans les rives des plus longues routes profondes, il y avait de nombreux arbres fruitiers, tels que le poirier, l'abricotier et le noyer. La politique du coton a détruit de nombreux arbres. Dans les temps anciens, les bœufs étaient utilisés pour labourer la terre. Le travail principal avait été effectué sur une charrette à âne. Le sac spécial sur l'âne était fait de roseaux épais et de brindilles de mûrier. Les terres ont été saupoudrées d'engrais local avec ces sacs spéciaux. Les ânes ont également été répertoriés pendant

la période kolkhozienne. Je me souviens très bien que certains ânes ont été rassemblés pour creuser le canal de Fergana et envoyés au hashar avec leurs brides», a déclaré Ravshan Bobo.
Les waqfs, les terres et propriétés aristocratiques ont été confisqués par les autorités soviétiques. Les propriétaires ont été réprimés et exilés vers des terres lointaines - le Caucase et la Sibérie. Seules les familles pauvres ont survécu dans le village de Chirine. Les riches se sont réfugiés dans les villages voisins tels que Tongotar, Ponob, Sorin, Khoja Porso, Rabotishaykh, Bekhtosi. Les fonctionnaires ont fui vers des villes éloignées et voisines - Boukhara, Douchanbé et Bichkek. La forteresse de Raboti Miron a été détruite comme un vestige de l'émirat et pillée. Les maisons ont été démolies et le matériel de construction a été transporté au centre du district. Telle est la vérité historique du passé récent.

LE PASSÉ PROCHE DU VILLAGE

Une école destinée à des études de quatre ans seulement, puis de sept ans a été construite dans les années 1930 à côté de la mosquée du village. Avant la révolution, la maison commune du village pour de nombreux appartements servait de porte unique pour plusieurs cours. Les côtés gauche et droit de la rue étaient très encombrés. Cette stratégie indique qu'ils sont organisés face au danger. Chaque appartement avait une salle de bain privée, un couloir et un porche dans la chambre. Les toits reliés les uns aux autres pour former un anneau. Les enfants jouaient souvent sur le toit. Au centre des maisons se trouvait un espace commun pour les animaux. Sous la devise "Prenez soin de votre maison", les gens vivaient comme une seule force. Après cela le village n'a pas été envahi et les gens ont progressivement abandonné les maisons abritées.

ANCIENNES RUES DU VILLAGE

A présent personne ne connaît le nom des anciennes rues. Les rues séparaient les maisons indigènes. Le village de Chirine avait cinq rues principales: ***Rue Shahar, rue Arboblar, rue Hati Eshan, rue Gavkhoron, rue Poyluchon.***

Rue Shahar était la rue la plus grande et la plus fréquentée. ***Rue Shahar*** ("City Street") signifie la route de Boukhara. Cette rue était la rue la plus **courte** et la plus **longue** menant à la ville, reliée par un fossé puis à Sarapul. Le célèbre homme de la rue, Ashur Dehqan, a été président pendant de nombreuses années pendant la période de kolkhozisation. Des deux côtés de la rue vivaient les ancêtres de personnages célèbres Musa Bobo, Barot Bobo, Ibod Bobo, Ismat Bobo, Istam Bobo, Ibod Bobo, Ziyodullo Bobo, Bokalon Bobo, Ramazan Bobo, Hakim Bobo, Mardon Bobo.
À l'époque soviétique, la première école a également été construite au début de la rue et au centre du village - du côté ouest de la mosquée. En dessous de l'école, il y avait un stade à droite et une serre en verre à gauche. Lorsqu'il n'y avait pas d'électricité, des cinémas portables étaient projetés dans la cour de l'école. Des gens célèbres du village, des intellectuels, des vétérans de la guerre Mirjon et Ikrom Savriev, Amonjon Tukhtaev, Hamro Obidov, le professeur Nazar Abdullaev ont grandi dans cette rue. Plus tard, une grande ferme d'élevage a été construite dans la rue.

Rue Arboblar. Au départ, les fonctionnaires du village étaient nommés du village de Rabot. Cette position a continué pendant des générations. C'était une personne responsable dans l'émirat de Boukhara. Il lui rendait des comptes. Plus tard, des fonctionnaires du village ont également été nommés du village de Chirine. Tous les nobles et mollahs ne vivaient pas dans la même rue, mais la rue était ainsi nommée en l'honneur de la première noblesse. La mosquée a également été construite sur cette rue. Au sommet de la mosquée, les villageois vivaient en union. De graves problèmes dans le village ont été résolus en consultation avec les mollahs. Arbob Kemal, Arbob Temur, Arbob Qurban, Arbob Shadi, Arbob Hussein, Mullo Roziq, Mullo Istam, Mullo Nor, Mullo Tokhta étaient les leaders du village. Majid bobo, Savri bobo, Jora bobo, Kandiyor bobo, Tokhta bobo, Juma bobo, Obid bobo, Ramazan bobo, Abdullo bobo, Qurbon bobo, Rajab bobo, ainsi que des personnes célèbres du village comme Amon Tukhtaev, Nazar Abdullaev vivaient dans cette rue.

Rue Gavkhoron. Cette rue est située du côté d''Est du village. Rasul bobo, Ergash bobo, Hakim bobo, Davlat bobo, Huseyn bobo, Chori bobo, Jabbor bobo, Roziq bobo, Khabib bobo, ainsi que Safar Ergashev, Khudoynazar Rasulov, Sobir Choriev, Tora Hamroev et d'autres ont vécu dans cette rue. La rue était habitée par des cuisiniers, des bouchers, des éleveurs, des forgerons et des marchands. Safar Bobo, le premier producteur de Cheurdonak (avec le noyau salé d'abricot), le premier marchand impliqué et un homme au cœur propre, vivait également dans cette rue. Il y avait une plaine plate au pied de cette rue. Dans cet endroit, les jeunes du village jouaient au gyrrak, à l'akkol, au lanka et au koptok.

Rue Hati Eshan. Cette rue était habitée par Jorakul bobo, Arbob Qurbon, Arbob Hussein, Mullo Istam, Mullo Tokhta, Mullo Ahmad, Mullo Sharif, Hotam bobo, Islam bobo, Nur bobo, Rahmat bobo, Said Askar, Boboqul Jora et d'autres. Pendant de nombreuses années, Jorakul Bobo a été le chef du groupe des kolkhoziens. Les premiers bovins ramassés par le village auprès des habitants étaient gardés au milieu des maisons de cette rue. Afin de mener à bonne fin leurs projets du coton, pendant l'automne pluvieux, pendant la journée les gens ramassaient du coton brut et le soir ils ont été appelés à le nettoyer et le sécher dans

cette grange. À l'époque soviétique, Khundi Islamov, le gendre de Jorakul Bobo, est devenu célèbre en tant que véritable agriculteur. En tant que fermier-brigadier le plus prolifique du pays, il fut le seul agriculteur à porter le plan coton à 75 quintaux. C'était la famille la plus nombreuse du village. il a établi un record dans l'histoire du village en élevant seize enfants avec Gavhar, la fille aînée de Jorakul bobo. Kundi Islamov était le propriétaire de nombreuses commandes et médailles dans l'agriculture, l'apiculture et la culture du coton.
Khadyr Asadovich Juraev, mon premier étudiant talentueux, le petit fils de son fils aîné de Jorakul Bobo, a également grandi dans cette rue. Il est actuellement trois fois député à la Chambre législative de l'Oliy Majlis de la République d'Ouzbékistan.

Rue Poyluchon. Cette rue était habitée par des gens très agiles et au rythme rapide. Plus tard, cette rue a été appelée "rue Azimzoda" par le prénom de mon premier professeur. Le professeur Nazar Azimzoda a été le premier professeur de langue et de littérature à l'école. C'était un homme dynamique, courte taille, conséquent et merveilleux. Le secret du nombre de pièces d'or et d'antiquités conservées dans certains gens de ces rues n'a jamais été révélé à personne.

PONT DE SARAPUL

Sarapul est également un lieu très historique. En dessous, c'était historiquement la place nue, c'est-à-dire, Yalangi. Des sources historiques indiquent qu'au début du XVIe siècle une bataille féroce entre Mirzo Babur et Shaibanikhan a eu lieu dans la plaine de Sarapul de la région de Samarkand. Mais il y a eu aussi de nombreux affrontements sanglants à côté de ce Sarapul. Parce que le seul moyen d'entrer à Boukhara par le nord était de passer par ce pont.
Le pont Sarapul a été construit pour la première fois bien avant le pont Chorikulboy par un homme nommé Ashrafboy, qui l'a rendu aussi

solide que possible avec de la pierre et de la brique. Le pont a été détruit dans les années 1930. Les briques du pont ont été utilisées pour construire l'ancien hôpital de district. Ensuite, ils avaient construit un grand pont en bois et l'utiliser. Mais ce pont en bois ne va pas loin. D'une part, le débordement de la rivière, d'autre part, commence à couler, incapable de résister à la prolifération des poids lourds. Pendant l'hiver, la surface de l'eau était recouverte de glace et le pont était menacé par les glaciers. Pour faire face à la menace, une pharmacie de munitions a été construite près de Sarapul. Le dynamitage a été mis en place pour empêcher l'eau de geler. Cet événement a également provoqué l'apparition d'un lieu appelé «Pharmacie» autour de Sarapul. Après la guerre, le pont est en béton armé et son périmètre est aménagé. Il y avait des salons de thé et des magasins confortables.

LES COMBATTANTS DE LA GUERRE

Le premier article, «La guerre n'est pas sans pertes», a été publié dans un journal de district en 1987. J'y ai écrit sur mes compatriotes guerriers de mon village. J'ai demandé au protagoniste de l'article, Khaydar Bobo, de partager ses impressions sur la guerre.

«Sadir Fozilov, Mustaqim Budokov, Abdulla Hodiev, Kandiyor Rajabov, les frères Bafo et Safo Bakaev, Mirjon Savriev, Ramazon Ashurov, Istampulot Fatullaev, Istamboy Hakimov, Savriddin Norov ne sont pas revenus des combats. Un autre groupe de garçons de Chirinekishlok sont Roziqul Hojiev, Azam Kurbanov, Nabi Rakhimov, Jalol Mirzoev, Naim Safarov, Hamro Obidov, Safar Ergashev, Ikrom Savriev, Karim Ruziev, Nurullo Jumaev, Kushmurad Kochkarov, les frères Halim et Amon Tuktov. est revenu avec des blessures. Haydar Bobo Hotamov a également combattu pour la libération de Stalingrad, Smolensk, Koursk, Kharkiv et la Finlande en 1942-1943. En août 1944, il a été blessé aux deux jambes et a été soigné pendant six mois dans un hôpital à Ivanovo, Knishma. Puis il est retourné au village et a travaillé dur comme enseignant, président du conseil du village, agronome, président de la ferme collective. Il vivait avec la douleur du peuple et il était devenu un remède pour lui."

À ce jour, aucun des combattants de la Seconde Guerre mondiale n'a survécu. Que l'au-delà soit prospère pour tous et que leur place soit au paradis!

Khaydar Bobo est décédé à l'âge de quatre-vingt-seize ans. Son épouse fait face à la vie, cent ans. Son père, Khotam Bobo, a vécu jusqu'à l'âge de cent douze ans. Un autre homme de cet âge dans le village était Roziq bobo. Le fils du grand-père de Roziq, Sobir, le premier enseignant du village, a rejoint l'armée en 1939. Lors des premiers affrontements avec la Finlande, les tirs restent dans un tourbillon. Il est mort dans la guerre contre l'invasion allemande en 1943. Une lettre noire sur sa mort est estampillée sur le mur de l'ancien bâtiment de la poste, avec d'autres lettres noires, sans être montrée à personne. Lorsque le bâtiment a été démoli, celui de Sobirjon a été retrouvé, entre autres lettres noires. Que dites-vous de cela maintenant?! Malheureusement, c'est vrai. Les lettres n'ont pas été remises à leurs propriétaires afin de ne pas semer la panique parmi la population.

Nabi Rakhimov était le premier officier du village à servir dans la guerre. Il a été blessé et est revenu invalide. Le régime dictatorial n'a pas épargné cet homme pour une erreur même insignifiante. On n'a même pas fait attention aux médailles qu'il a remportées pendant la guerre. Nabi Rakhimov et son proche parent Jalol Mirzoev, un invalide de guerre unijambiste, vivaient ici. Il était revenu de la guerre avec une commotion cérébrale. Jalal ne s'est pas marié et n'a pas eu d'enfants. Mais c'était un vrai garçon de la campagne. Bien que son esprit ne soit pas à sa place, tout le monde l'aimait, il aimait tout le monde. Quelqu'un lui lavait les vêtements, quelqu'un le couvrait d'une couverture et le nourrissait. C'était un uniforme qu'il avait apporté de la guerre, et il n'échangerait pas les siens contre des vêtements des autres. Il avait une histoire très courte: "Pour la patrie, pour Staline!" Il a insulté Hitler en répétant ces mots encore et encore. Jalal a quitté le village par contumace un jour, mais n'est pas revenu. On ne sait toujours pas où il est allé.

PATIENCE SOUS L'OR

La vie est la plus grande bénédiction donnée à l'homme. Vous devez savoir comment vivre correctement, pas comment y vivre.

Voici ce que notre famille se souvient: mon père Rajab Bobokalonov était un homme humble, cultivé, franc, gentil, gai, déterminé et honnête. Mon père était simple et proche des gens. Lorsque la guerre a éclaté, il a travaillé derrière les lignes de front dès l'âge de 13 ans. Un jour, il s'est amusé et a dit:

"La vie est une scène beaucoup plus compliquée. Il ne traite pas tout le monde. Tout le monde veut vivre heureux. Cependant, ce rêve n'est pas pour tout le monde. Mon frère cadet et moi nous n'en avions pas assez causé avec mon père. Nous n'avons pas été choyés dans la vie par les mains du Père. Nous avons eu mille jours pires que ceux d'un orphelin. Nous sommes tombés, nous nous sommes relevés. Nous avons été écrasés, nous nous sommes effondrés sous les pieds des gens, nous avons vécu une vie de forçats. Pendant la famine, ma famille et moi avons eu très faim. Nous avons eu du mal avec le pain de maïs. Nous avons survécu entre les mains d'une femme au lieu d'un père, d'une mère au lieu d'une mère. Pour nous, la jeunesse heureuse est devenue un rêve. Nous avons beaucoup perdu. Nous n'avons pas vu la gentillesse et la richesse. Nous n'avons pas vécu, nous avons simplement lutté pour survivre. Nous nous sommes mariés avec beaucoup de difficultés, nous avons eu des enfants. Dieu merci, nous avons préservé notre lignée. Ici, nous voyons maintenant le jour pendant l'indépendance. C'est le grand bonheur que nous avons atteint. C'est le bonheur, c'est une grande richesse. »

La plupart des gens de l'âge de mon père se souviennent du passé de cette façon.
A l'époque soviétique, ce pauvre homme pensait aux intérêts du village plus qu'à sa famille. Il s'était toujours avec les gens de village. Devant la chaire il disait la vérité aux gens. Il était un chef de file dans les œuvres de hashar et d'embellissement. Personne ne s'est opposé à ce qu'il a dit. Les villageois l'ont cru. Il a compris être avec les gens comme du bonheur. Comme l'a dit un homme sage: "Le plus important pour une personne c'est trouver son chemin, connaître son identité et sa place ».

SANS LA TOMBE

Au fil des ans, "Quel genre de personne était mon grand-père?" nous avons du mal à trouver une réponse à la question. On ne peut qu'admettre qu'il a été enterré sans linceul et c'est un simple résolu. Seule l'histoire de ma grand-mère Chinnibibi a réconforté nos cœurs:
"L'époque était très dangereuse. il y avait la cause de la disparition de votre grand père, il en était lui-même coupable. il ne pouvait pas se sauver pour survivre. Et nous avons perdu une vie heureuse. Il aurait pu vivre en paix, penser à sa famille et servir le gouvernement soviétique. Tout comme son oncle Mullo Nor a rejoint les envahisseurs et a perdu sa famille, cette catastrophe a bien perturbé notre famille. Sa famille a été exilée en Sibérie et a été perdue. Votre grand père l'a accueilli à notre maison et a appelé ce chat noir "mon oncle" à plusieurs reprises. Il aurait pu être expulsé. Après cela, le NKVD (Commissariat du peuple aux Affaires intérieures) aurait également laissé tranquillement votre grand père. Après qu'il ait été emprisonné, tous nos biens ont été déchirés. Les oppresseurs-bosmachis, d'une part, et le gouvernement d'autre part, ont détruit le peuple et asséché leurs oreillers. Le gouvernement a pillé le village pendant la journée et les envahisseurs-bosmachis la nuit. Les bosmachis sont venus et ont crié: "Donnez-le-

moi!" Le gouvernement est venu et a dit: "Donnez-le!" Quel dommage. Que restera-t-il au peuple?!
Mullo Nor était le bras droit de Keuri Ata Courbache. Il viendrait au village pour restaurer l'émirat et égarer tout le monde. Il était le voleur violent. Qui était contre lui il pourrait s'envelopper le linceul à sa tête. Le NKVD a demandé à votre grand père de l'aider à capturer Mullo Nor et Kori Ato. Il a refusé de remettre son oncle.
Un jour, on a demandé : "Qui sera le député ? il a répondu avec ses amis: “Laissez que Rajab qui se lève, Il ne nous quittera pas, il est à nous. Turdi Rajab est devenu député. Il est retourné à Tachkent à Yuldash Akhunboboev comme un vent, puis le village a bouleversé. Il n'a pas non plus épargné son neveu et a tout dit au gouvernement. La catastrophe de son oncle a frappé votre grand-père. Il a désolé ma famille et moi. L'anxiété et le chagrin ont éclipsé nos têtes. Mes enfants ont grandi humiliés».
Peu importe à quel point ma grand-mère détestait mon grand-père, elle espérait qu'il reviendrait. Il a attendu mon grand-père pour le reste de sa vie. ...

UN HOMME PÉCHEUR

Mon grand-père était un des riches du village, avait hérité de quatre acres de terres arables de son père, il était un fermier de la classe moyenne, avait deux bœufs, deux vaches et un veau, un cheval et quelques chèvres et moutons. Contexte social - religieux, mollah, artisan. C'est alors que l'ère soviétique ne pouvait plus accueillir un artisan et un croyant se tenant dans la lignée du haram et halal. Leurs biens et leurs rishesses sont confisqués au nom des pauvres. C'est peut-être pour ça que mon grand-père n'aimait pas la révolution ?! Il est difficile de connaître cette vérité maintenant. Le passé est sombre, cette vérité est enterrée dans les ténèbres.

Il se passait beaucoup de choses incroyables à cet époque-là. Ma grand-mère n'avait que dix ans et mon grand-père avait vingt ans lorsqu'il s'est marié avec le consentement de ses parents. Mais quand ma grand-mère a grandi dans la maison de mon grand-père, elle a posé sa tête sur un oreiller. Ma grand-mère a dit que jusque-là, sa belle-mère la gardait. Il est clair que c'est le seul moyen de protéger l'honneur des filles. Les parents ont été forcés de le faire. Parce que la période était turbulente, cette voie était considérée comme la meilleure afin de préserver la virginité. Une femme ou une fille à tête ouverte avait besoin d'un parapluie.

– Les filles n'avaient jamais vu la lumière dans leurs paranjis, - a déclaré ma grand-mère. - Parce que la vie de la fille de Mulla (de curé) était comme ça et je m'étais mariée tôt. Lorsque notre famille a été mise sur liste noire par le gouvernement soviétique, mes parents sont morts de peur l'un après l'autre en une année. Mes frères ont été exilés dans le Caucase. J'ai été libéré de l'exil parce que j'étais l'épouse à votre grand père. Mon frère Ismat venait de se marier et est allé dans le Caucase et est mort. Sa veuve est revenue et s'est mariée. Mon frère cadet Mullo Sharif a vécu dans le Caucase pendant dix-huit ans, a épousé une des filles exilées de notre village et a eu deux enfants. À son retour d'exil, ses deux fils sont morts de la rougeole en une semaine.

Votre grand-père a été nommé directeur de l'entrepôt avant son incarcération. Peu de temps après, il a été accusé d'avoir pillé la propriété kolkhozienne. Trois cents kilos de blé ont été distribués aux pauvres en raison d'une mauvaise distribution. Votre grand-père a été condamné à six mois de prison. Quatre mois plus tard, il a été condamné à une deuxième peine de quatre ans en tant qu'ennemi du peuple - membre d'un mouvement illégal. Le sort de milliers d'innocents avaient eu une fin si tragique.

La main de votre grand-père était comme une fleur. Son oncle, Mullo Nor, restait en contact avec votre grand-père de temps en temps. Finalement, un jour, il a été emmené dans une voiture NKVD: "Ma

chérie, écoute-moi! Maintenant, il est clair que je ne retournerai jamais vivant à la maison. Je te confie mes enfants, et je vous confie à Allah. Même si tu te maries pour garder mes enfants en vie, je suis d'accord avec toi. Qu'allah te protège. Sois d'accord de moi," – a-t-il dit. ...
Où est enterré mon grand-père? C'est encore un casse-tête. En général, son os est-il dans un cimetière? Personne ne peut non plus répondre correctement à cette question. Il ne figure ni sur la liste des disparus ni sur la liste des cimetières du monde. On ne sait pas où il est mort ou a été enterré sans linceul. Bref, mon grand-père faisait partie de ces personnes disparues sans nom. Avec lui, deux autres parents, KH. Ismatov et N. Tukhtaev, ont également été accusés d'avoir des relations étroites avec les ennemis du peuple.

JUGEMENT ÉTRANGE

À Boukhara est passé un grand homme riche nommé Mullo Ergash. Le village voisin de Khoja Porso était la propriété héritée de cet homme. On dit qu'elle avait une grande cour à Boukhara et une autre belle maison de campagne à Khoja Porso, il avait aussi la richesse de waqf. Il a étudié avec Amir Alimkhan dans une madrasah et a ensuite travaillé comme son traducteur dans le palais. Mullo Ergash a épousé Musabiya, la sœur ainée de la troisième épouse d'Amir Alimkhan et entra dans sa parenté. Amir l'a envoyé comme juge en chef du district de Boysun de Surkhandarya. Avant cela, il était le chef mirab en irrigation de Boukhara. Après le renversement d'Amir Alimkhan, Mullo Ergash a rejoint le gouvernement de son ami Fayzullo Khojaev et a été nommé directeur de la région Vobkent. Il avait un fils handicapé nommé Umuruzok. Lorsqu'il arrive au château d'été Raboti Miron, il voit Khamida, la fille du chef du village. La fille était courageuse et énergique, alors il la choisit comme épouse pour son fils. Mullo Ergash pense: "Si j'emmène cette fille à Umuruzak faible, elle donnera naissance à un enfant en bonne santé." Cependant, la jeune fille était

fiancée au fils d'un ancien du village dès son plus jeune âge. Selon la tradition ouzbek, aller à l'encontre de cette tradition est considéré comme honteux. Lorsque Mullo Ergash apprend cela, il ne recule pas et envoie un message à la maison de la fille contre l'Aksakal. Il est contrarié d'entendre cela. Il était bouleversé par l'indifférence d'Ergash: «Astagfrullo, il y a beaucoup de filles dans le village" Pourquoi il est contre notre tradition si elle veut être mariée à son fils ?! Mullo Ergash, à quoi pense-t-il ?! C'est la proposition comme cracher dans le plat. »
Quelqu'un a chuchoté cela à Mullo Ergash. Mullo Ergash s'est engagé sur la voie de la violence et de l'oppression. Il a réussi à faire de Khamida sa belle fille. Le lendemain du mariage, l'aîné innocent a été étranglé et pendu dans la grange pour ce qu'il avait dit.
Mullo Ergash agit comme une épée à double tranchant, comme deux lames d'un poignard. Tantôt il sert le nouveau gouvernement, tantôt les bosmachis. Dans la province de Vobkent Keur Ata tentait de déclencher un soulèvement populaire contre le gouvernement. Mullo Ergash est chargé de suivre ses traces et de l'arrêter immédiatement. Il était depuis longtemps avec les envahisseurs, attendant le bon moment pour les capturer. Enfin, lorsqu'il apprend que selon le plan, il fournit des informations précises sur Keur Ato au NKVD. Puis Keur Ato se rend compte que Mullo Ergash travaille pour le gouvernement.
Ato avait nommé Mullo Nor comme son représentant auprès du tyran Chirine et des villages environnants. Mullo Ergash suit désormais les traces de Keur Ato. Il utilise des astuces pour le trouver. Tout d'abord, il fait organiser une rencontre avec sa mère. La mère vient au bureau du NKVD. Ato envoie une lettre d'une page à Mullo Nor par l'intermédiaire de sa mère. L'hypothèse de Mullo Ergash s'avère correcte. Il se cache derrière la femme et atteint directement jusqu'au village. Puis il sort devant la femme et l'a bien séduit avec les mots rusés. La femme simple dit que son fils lui a donné une courde lettre et qu'elle doit la remettre à Mullo Nor:

«C'est trop tard, maman. Les temps sont mouvementés, vous avez été tellement dérangée par une lettre, vous avec votre faiblesse. Donnez moi cette lettre et allez-vous en d'ici ! Je suis un ami proche de votre fils et de Mullo Nor. Je lui remets personnellement une lettre expliquant la situation en détail. Si Dieu le veut, nous sortirons votre fils de prison demain," – Mullo Ergash la trompe. Puis il prit la lettre et l'ouvrit et lut: "Mullo Ergash est un traître, tuez-le." Mullo Ergash lit le verdict contre lui-même et vit depuis lors dans la peur de son ombre.
Peu de temps après, Mullo Nor a également été capturé par le NKVD. quelques jours après, Mullo Ergash meurt également d'une intoxication alimentaire.

Références

- Bobokalonov R.R. Destiny. Durdona Publishing House, 2013.
- Bobokalonov R.R. Destiny. Durdona Publishing House, 2nd edition, 2017.
- Bobokalonov R.R. Destiny. Durdona Publishing House, 3rd edition 2019.
- Bobokalonov R.R. Destiny. Durdona Publishing House, 4th edition 2020.
- Rajabov, Hero "Vobkent" UzME. Letter V Volume One. Tashkent, 2000
- Muhammad Boqir, Bahouddin Balogardon, T., 1993; Ma'naviyat yulduzlari, T., 2001; Faxruddin Ali Safiy, Rashahot (2nashri), T., 2004.
- https://t.me/bukhtourism
- https://ziyouz.uz/ilm-va-fan/tarix/manaviyat-yulduzlari/xoja-muhammad-porso-1348-1420/
- https://is.gd/EI6yZx

#Tadbir #Matbuot_anjumani #Tourism

- https://t.me/Buxturizmmurojaatbot
- https://m.me/Bukhtourismdevelopment
- https://www.instagram.com/bukharatourism
- https://uzbektourism.uz/cyrl/newnews/view?id=1133
- https://uz.wikipedia.org/wiki/Shirin_(Vobkent_tumani):

ПОСТАНОВЛЕНИЕ КАБИНЕТА МИНИСТРОВ РЕСПУБЛИКИ УЗБЕКИСТАН 13.03.2009 г. N 68 О дополнительных мерах по совершенствованию административно-территориального устройства населенных пунктов республики Узбекистан

- https://uz.wikipedia.org/wiki/Vobkent#cite